멀어진 그리움

멀어진 그리움

초판 1쇄 발행 2023년 8월 14일

지은이 이원문

펴낸이 임병천
펴낸곳 책나무출판사
출판신고 2004년 4월 22일 (제318-00034)

주소 서울시 영등포구 신길3동 325-70 3F
전화 02-338-1228 **팩스** 0505-866-8254
홈페이지 www.booktree.info

ISBN 978-89-6339-724-5 03810

멀어진 그리움

이원문 시집

책나무출판사

목차

1부

2부

3부

4부

• 1부 •

꽃 편지

그 해의 봄날인가
이맘때쯤 같은데
설레임의 반세기
그 반세기도 훌쩍 넘어
늙은 추억에 머물고
등잔불만 가물 가물
그 답장 기다린다

못 받은 답장
여운의 그 답장
혹시나 하는 그 마음
몇 번을 찢어가며
그리 정성스레 밤새웠것만
지금도 아직도 사연이 모자라나
반세기의 그 답장 오늘도 기다린다

옛길

그렇게 다녔던
산 아래의 굽은 길이었는데
건너야 할 냇가에 징검다리도 있었고
때 되면 이 촌뜨기가 딛어야 했던 길
다니기 싫은 오르 내리막 길은 없었겠나
보이는 먼 산 논 밭 위 가까운 산도 있었고

길 없이 멀었던 산
산나물 욕심에 몇 번을 올랐겠나
가까이 들녘의 길은 늘 다녔던 길이었고
신장로에 그 샛길 하루에 한 번씩
높 낮으이에 돌 뿌리 많은 그런 길이었는데
장에 다녀 오는 우리 엄마 마중 나갔던 길이었고

냉이의 봄

겨울 끝자락이 끊어진 봄인가
그래도 아침 저녁으로 서릿발에 춥고
바람이라도 불면 다시 이어지는 것 같다
아직은 봄바람이어도 추운 봄바람
며칠 더 있어야 벌 나비의 봄이 될까

그저 꽃 없는 봄 냇가에 버들강아지만
먼 산 뿌연히 나뭇가지의 움 하루가 다르고
양지녘에 겨우살이 달래 냉이 잠 깨운다
조금 더 있으면 며칠 더 지나면
한 차례의 봄비 내려 벌 나비의 봄 되겠지

강아지의 봄

코흘리게의 먼 추억 그 봄날이었나
문간 뒤의 우리 강아지 그렇게 살았는데
장날 데려온 우리 강아지
추운 겨울 웅크리며 그렇게 지낸 강아지
괘짝 안 그 집이 얼마나 추웠을까
봄날 목 줄 풀어 놓으면 이리 뛰고 저리 뛰고
그리 좋아라 졸졸 따라 다녔는데

징검다리 함께 건너 나물 캐는 곳까지
진달래 한 아름 뒷동산에 함께 올랐었고
어디 가면 눈치 채고 먼저 나섰던 강아지
보리밭 길 지날 때면 꼭꼭 숨어 불러야 나왔고
장난 좋아 했던 우리 강아지 울 밑으로 텃밭으로
저녁 해 뉘엿 뉘엿 밥 달라 끙끙댔던 우리 강아지
그 봄날 버드나무 꺾으러 냇둑 길 따라 함께 뛰었지

봄 순갈

반세기 전 그날을
어찌 잊을까
지금은 아니어도
다시 돌아 올 수도

모르는 이 시간이
그때를 헤아릴까
그 어제의 이 시간
내일이 두렵다

파도의 봄

누가 이 섬을 어느 날에 찾을까
기다림도 아니 것만 먼 육지 더 멀어지고
스치는 봄바람 당집 언덕 넘는다

이 때나 저 때나 파도 소리만
어느 날은 그 갈매기 떼 다른 섬 찾았는지
그저 철썩이는 파도 소리만이 한가롭다

오막살이 담 아래 개나리꽃 피면
그때나 누가 이 섬을 다녀 갈까
싸리 문 열어 놓고 기다리면 찾을까

바람만이 그 바람 찾는 이 없는 섬
저 먼 섬 지나 밀려 오는 오막살이의 그리움인가
먼 바다 지나는 배 지나는 섬 돌아 선다

방랑자의 봄

투정 하니 받아 주나
사정한들 들어 주나
물 한 모금에 문전박대
어디로 가야 하나

한 집 건너 두드린 문
이 집은 받아 줄까
몇 번을 두드려도
인기척이 없구나

이 세상 추운 인심
어디 사람뿐이랴
석양에 지는 해
저녁연기도 춥구나

순정의 봄

산 넘는 흰 구름 어디로 흘러 가나
마을마다 개나리 울 노란 띠 두르고
불어 오는 봄바람 그리움 안겨 준다
이제나 저제나 기다림의 봄바구니
캐 담는 바구니에 달래 냉이만 담기겠나

그 작년 봄 맺은 정 오던 소식 끊기고
작년 봄 지친 소식 호미 끝에 매달린다
내일이면 전해질까 오늘 저녁 전해 올까
우체부의 자전거 아랫 길로 멀어지고
달빛 아래 그 먼 훗날 오늘도 저문다

골목의 봄

봄바람 쓸쓸히
보이는 하늘 뿌옇고
비 한 차례 내릴 듯
꽃 피기에는 아직 이르다

먹구름의 양지녘
보슬비라도 내릴까
내렸으면 우산 없이
이 마음 적실텐데

쓸쓸히 저문 골목
서쪽 하늘 노을 잃고
서너차례의 바람 불어
새싹의 봄비 내린다

냇가의 봄

까치둥지 높다란히
나무 위에 둥지 틀고
양지녘의 버들강아지
흐르는 물에 어린다

며칠 더 있어야
미나리 돋을까
아직은 추운 바람
저녁이면 더 쓸쓸하고

모아지는 고향 생각
부족 했던 그날인가
이맘때의 봄 저녁
아직도 춥다

울 밑의 봄

어미 닭 병아리
나들이 하는 날
때 되어 호박 심어
호박 넝쿨 올렸고

텃밭은 오이 심어
오이 넝쿨 올렸다
귀퉁이의 메싹이
어떻게 돋았을까

심지 않아도 돋은 싹
홀로 자라 홀로 올랐고
여름날 예쁜 꽃 피우기로
나들이 병아리와 약속 했다

흐린 날의 봄

비 내릴 것도 아니고
그렇다고 눈 올 것도 아니다
그저 하루 종일 우중충하니
마음까지 흐려지고
높 낮으이 없는 하늘
구름으로 가득 하다

까치의 낮은 하늘
그 둥지는 안 그런가
까치도 그 짖음도
아무 소리 안 들리고
바람 없는 봄 저녁
마음이 울적 하다

개나리의 고향

노란 띠의 저 울타리
그 한겨울 얼마나 추웠겠나
내리는 눈 쌓이고 녹는 듯 더 쌓이고
날카로운 바람까지 그렇게 추웠었는데

그 춥던 날 나드리 닭의 울
쌓인 눈이 언제였나 봄바람 불고
내리던 눈 아닌 비 내리고 멈췄으니
사금팔이 줍는 아이들 모두 모여들겠지

젊은 날의 양지

그 시간 앞 세워
여기에 오기를
무엇을 얻으려
여기에 와야 했나
지난 날 돌아 보면
아무것도 하늘만
서 있는 이 자리도
어디인 줄 모르겠고
멀어지는 옛 시간만
기억에서 가물댄다
봄이 있어 여름이 있었고
그 여름에 가을이 있던 날
이제 짧은 내일에 매달려
그 가을날에 와 닿은 인생
작은 바람에도 시렵구나
남은 가을이 며칠이 될까

화롯불의 봄

제비가 온다는 삼월삼짇날이 며칠이나 남았을까
아직은 쓸쓸하니 문밖이 추운 봄
들녘 일의 아이들도 이 문밖 처럼 춥겠지
이맘때에 때 되면 아니 할 수 없는 일
손 시렵고 발 시렵고 나는 안 그랬을까
해 기우는 저녁 나절 오늘 또 하루를 잃는구나

이제 뭉쳐지는 몸 말을 하면 잔소리 한다 하는 아이들
이래라 저래라 하면 참견이라 하겠지
오늘일랑 된장 찌게나 끓여 놓아야겠구나
바구니 들고 나간 아이들 무엇을 얼마나
씀바귀나 좀 많이 캐 왔으면 좋으련만
쓸쓸한 저문 저녁 아이들이 기다려지는구나

봄 그림

누가 아는 그날일까
그 시절 옛 풍경을
지금은 아련히
추억에 덮힌 그날
시골뜨기의 먼 옛날
희미하게 스쳐 간다

높았던 미루나무 위 까치집
버들강아지 매달린
징검다리 아래의 버드나무
조금 더 지나면 보리밭 있었고
나물 캐는 꼬마 아이들
그 아이들만 바구니 들었을까

봄 바람에 추웠던 시절
춥기만 했나 손 발은 어떠 했고
비닐 고무장갑 장화도 없었다
소 모는 소리에 들리는 워낭 소리
더 쓸쓸 했던 날의 그 들녘
논 물에 손 발 담그니 얼마나 시려웠나

별 잃은 들녘 저녁 바람 불어 더 추웠고
허기에 보이는 집 굴뚝의 저녁연기
긴긴 보릿고개의 그날이었던가
그래도 개나리꽃 산자락의 진달래
건너 오는 징검다리 멀리
그 서쪽 하늘 저녁 노을 더 붉게 물들어었다

달래의 그리움

화사한 봄 하늘 흰 구름 들어오고
불어 오는 봄바람 바구니에 담긴다

봄이면 찾았던 여기의 이 언덕
여기 저기 캐어 담을 달래 냉이만 있을까

그 작년에 그랬듯이 구름 따르는 그리움
이 빈 바구니에 가득 작년 처럼 담긴다

황혼녘

이 길을 딛어 볼까
저 길을 딛을까
몇 날 며칠 보는 하늘
딛어 보면 아니고
또 다른 길 놓여지니
뜬 눈의 밤이 된다

아니 갈 수 없는 길
어느 길을 딛어야 하나
오늘 위한 내일의 길
어제의 다음일까
딛을 수록 짧은 길
지는 해가 두렵다

노동자의 봄

청춘을 불 태우며
밤 낮 없이 일 해도
둥지 하나 못 얻어
미래가 없네

노동자의 봄이
있기는 있는지
이것 빼고 저것 빼니
남는 것이 없네

사랑이 있어도
짝 지을 수 없는 청춘
이 나라의 다음이
허공에 떠 있네

보릿고개의 그날

하늘에 펼쳐지는 이맘때의 그날들
멀기만한 그날들이 어찌 멀기만이나 하다 할까
돌아 보면 짧은 세월 길기만 했던 그날들
그렇게 지나가고 이렇게 돌아 올 것을

옛날이라 하기에 너무 쉬운 말
누가 그날들을 얼마만큼이나 헤아릴까
교훈이었다 미루어 두기에 너무 마음 아픈 날
그 길었던 보릿고개의 잊지 못할 허기진 그날들이었던가

이 세상 삶이라면 누구이든 먹고 난 다음이 아닌가
부끄러워 말 못 하고 가슴에 묻어 둔 고개
이제 고향 떠난 타향 살이에서 말 할 수 있었고
바뀐 처지 바뀐 인생 그러나 고봉의 사발은 바뀌지 않았다

• 2부 •

방울새의 봄

외로움인 듯
그리움인 듯
아침 울음 다르고
저녁 울음 다르다

가녀린 그 울음
길고 짧은 그 울음
가슴의 찔레넝쿨
빨간 열매에 담는다

냉이의 하늘

냉이를 캐러 갈까
달래 있는 곳을 찾을까
소쿠리 안 냉이의 꿈
하늘 가득 담겨 있고
아지랑이의 봄바람 호미 끝 스쳐 간다

그 작년에 찾았던 곳
아니면 작년의 그곳
설레임에 나서는 길
어느 곳을 찾아 갈까
빼놓을 수 없는 언덕배기의 그곳

달래 냉이는 내일 모레
오늘은 그냥 씀바귀나 캘까
찾은 언덕의 돌뿌뎀이
돋은 씀바귀 널려 있고
산 자락의 진달래꽃 더 가냘피 수놓는다

밥상의 봄

세월의 저 언덕 너머 그 길었던 보릿고개
이맘때의 봄이면 그리 가까이 다가 오는지
길기만 했던 보릿고개 그 보릿고개만 길었을까
허기에 보내는 하루도 길었고 새워야 하는 밤도 길었다

뜨는 해에 보내야 하는 하루의 밥상은 그 하루를 얼마나 지켜 주었을까
아침은 꽁보리밥 저녁으로는 죽 한 그릇 땜질로 보내야 하는 하루
해 기울어 뉘엿 뉘엿 긴 그림자에 주눅이 들었고
날마다 배고픔 그 곯는 배에 힘들었다

이제는 가버리고 잃고 잊은 날
그렇게 떠났어도 아직 다 못 떠난는지
봄 저녁에 그려지는 석양의 옛 노을
누가 아는 그 봄이고 헤아려 줄 슬픔인가

절구 씻어 싸라기 빻는 날 무릇 캐오면
그 날은 함께 뜯어온 쑥 버무림 하는 날이었고
아직 먼 뻐꾹새 울음 아카시아 꽃 떨어지기를
손 마디의 보리밭 그 보리밭 바라보며 그날을 기다렸다

아가의 바다

기다림의 바다
갯벌 멀리 은빛 물결 반짝이고
밀물의 갈매기 파도 따라 들어온다

보이지 않는 우리 엄마
어느 바위에서 굴을 딸까
기다림에 지친 아가 갈매기 바라보고

멀리서 부르는 듯
보이지 않는 우리 엄마의 물때 맞춤인가
나도 우리 엄마를 큰 소리로 불러 댔다

고향의 사월

추운 겨울도 눈 비 섞이는 삼월도
이제는 이 사월 얼마나 많은 꽃이 피어었나
산자락마다 진달래 울 밑에 개나리
길가에 민들레 복숭아 살구꽃
못 잊을 뒷산 길 옆 그 파란 보리밭

올려 보는 보리밭 위 흰 구름 흘러 갔고
앞 산자락 꿩 우는 소리 할미꽃은 안 피었겠나
호들기 틀어 부는 사내 아이들
재절거리며 나물 캐는 여자 아이들
그 아이들의 노래 소리도 하늘에 메아리 쳤다

인연의 파도

기다림의 어제도
외로움의 오늘도
미련은 처음을
그렇게 버려야 하는 것인지

여운에 남겨진
후회 하지 않는 날
그날이 돌아 오면
이 미움이 지워질까

노을에 젖어 드는
우리 아름다웠던 날
이제 모두 꿈이었다
마지막 눈시울에 다시 묻는다

봄 길

그렇게 춥더니
눈 덮힌 길이었고
바람도 칼바람
살갗 찢는 것 같았는데

구름은 안 그런가
보는 것만으로도
손 시려워 발 시려워
얼마나 움추렸나

보름 지나 흐지부지
봄바람에 밀린 겨울
이제 아주 밀려나
어디로 가버렸는지

떠난 겨울 미워라
돋은 달래 냉이 씀바귀
어느 바구니에 담아야 하나
꽃은 어느 꽃이 이 눈에 먼저 들어오고

어머니의 꽃

어머니의 찔레꽃
어머니의 꽃이 찔레꽃만 있었나

서릿발에 매화꽃
장독대의 흰 매화도 어머니의 꽃이었고

철 따라 피는 꽃
들녘의 그 꽃들도 어머니의 꽃이었다

떠난 세월에 함께 했던
힘들었던 날에 어머니의 꽃

눈물 바다의 상여 길에도
길목마다 그 꽃들이 피어 있었고

어머니가 잠든 양지
지금은 할미꽃이 어머니를 바라본다

노을의 뒷산

그렇게 투정 했던
나의 길이었는데
언덕에 올라 내려 보노라면
우리 동네의 들녘마다
한눈에 들어 왔고

바라보면 볼 수록 더 먼산
앞산 자락 파란 보리밭
바람에 나부끼던 날
그때는 몰랐었는데
이제야 눈에 들어 오는지

그 무렵이 읽어 주는
뒷산 길의 투정일까
얼마나 고된 힘든 하루였나
늦을새라 저녁 무렵이면
노을의 뒷산 길 더 붉게 물들어었고

마음의 노을

흔적 없이 늙는 세월
인생은 그렇게 흔적이 남아야 하는지
모으면 젊어질까 그것도 아니고
거울 보며 씻는 마음 그러면 안 늙을까
표정 바꿔 보는 거울 두른 옷에 부끄럽고
눈 아래 점 하나 미운 점만 안 늙었다

어릴 적 보던 거울 몇 번을 보았을까
그저 뭐 묻었나 관심 없던 거울이었는데
어느날부터인가 무엇을 찾으려 그리 보았는지
이름만 그대로 이 모습이 나였나
꽃 속에 넣어 본들 하늘에 올려도 아니고
찾아야 할 이 나의 모습 어디로 갔나

울어도 웃어도 보기 싫은 나의 모습
봄이면 무엇하고 꽃이 피면 무엇하나
내일이 있었고 다음이 있었던 날
그런 날에 꽃 찾으면 찾은 꽃과 같았고
철 따라 두른 옷에 나비 같은 마음
올려 보는 여름날 밤 그 은하수 길도 더 멀었다

울 밑의 봄

겨울 바람의 수수깡 울
추워도 봄은 오는 것인지
봄 볕의 양지 녘
그 추운 날을 기억 할까

서릿발에 돋은 난초
매화꽃에 개나리
귀퉁이로 냉이 쑥
방초꽃 피어 나고

숭숭 뚫린 수수깡 울
봄바람 스며드니
어미 닭 병아리 떼
나들이에 즐겁다

파도의 그날

눈 안의 이곳 다시 찾을 수 있을지
바라보는 희미한 섬 더 멀어지고
소라의 그리움 파도에 휩쓸린다

다음 날 이 다음 날 다시 찾는다면
희미 했던 저 먼 섬 뚜렸해질까
그리워 부르니 이 목소리도 아니다

미움은 남겨도 이제 버려야 할 미련
남겨진 미움도 잊혀지면 버려질까
주워 든 예쁜 돌 하나 파도에 묻는다

뜨락의 그림자

무엇을 얻으려 그리 따르는지
이리 가면 이리 따라오고
저리 가면 저리 따라오고
힘들어 앉아 있노라면
함께 웅크려 나를 지켜 보았다

구름은 안 그런가 덮었다 벗겼다
몇 번을 반복 하더니
큰 조각 들어와 그림자 쫓고
바람이 훑는 시간 세월이 추워라
이내 방으로 들이 몰아 세웠다

봄 꽃

때 되면 피는 것을
둘러 보면 안 필 꽃이 어디에 있겠나
나름대로 예쁘게 그리 피는 꽃들인데

그 며칠 낙화의 시간
그 시간 찾아 오면 시들지 않을 꽃이 있을까
한낮에 이어 어두운 밤도 그렇고

그렇게 피었다 지우고 가는 것을
다음이 없는 꽃이라면 어느 꽃이 그 꽃일까
그래도 기다림에 다음을 얹어 놓고

바라보는 꽃에 눈 떼지 못 하니
올려 보는 하늘에 어느 구름이 지나던가
들어와 먼저 가고 뒤 따르는 것이 구름인 것을

해당화의 봄

바라보는 저 먼 섬만큼이나
육지도 그렇고
순풍에 노 저어가면
언제 다시 돌아 올까

파도에 묻히는 밤
한낮에 부서지고
바위 언덕 양지녘
해당화의 꿈 모은다

꽃반지

제비꽃 따 모아 엮은 꽃반지
누구를 주려 그리 엮었는지
한 송이 따 손가락에 대어보고
다른 예쁜 꽃 모아 손목에 둘러 보던 날
제비꽃은 손 둘레를 알고 있지 않았는지

이 나의 손 보다 얼마만큼 작을까
그리움 잣대에 올려 보는 마음
뒷산 길 비둘기 함께 그리워 했고
엮은 반지 손 팔찌 노을에 얹으니
보라의 제비꽃 더 붉게 물들었다

운명의 그늘

운명이란
알 수도 없고
짚어도 그렇다

누가 아는
운명이고
가야 할 그 길인가

돌아 가면
아니 갈까
가로 딛어본들

그 운명이
그렇다면
어쩔 수 없을 것을

꽃의 마음

이 꽃 보면 이런 생각
저 꽃 보면 저런 생각
없던 기억까지 꽃이 말 해주고
바라보는 꽃마다 옛 생각에 젖는다

피는 꽃에 얽힌 사연들
좋은 날만 있었을까
부족함에 힘든 날도 있었고
가슴에 새겨진 못 잊을 날도 있었다

접지 못 하는 마음
잊지 못 할 그날들
꽃이 아니어도 떠 오르면 괴롭고
꽃이 앉힌 이슬 처럼 눈 시울도 뜨겁다

고향의 그림

먼 그리움에 밀려 오는 고향의 그 시절
고향의 그 봄을 어찌 잊을까
어느 곳 하나 빼놓을 수 없는 그림
무엇부터 어떻게 그 그림을 그려야 할지

논 밭 갈이에 누렁이 소의 힘든 하루
들녘에서 바라보는 우리 동네의 노란 개나리 울
몇 집 건너 복숭아꽃 눈 안에 들어 오고
산자락마다 울긋불긋 오월 기다림의 보리밭

앞 냇가의 징검다리에 고기 떼는 없었을까
이 모두 안 그릴 것 없는 보릿고개의 그 시절
저녁이면 노을 길 따라 누렁이 소 들어 오고
워낭 소리 더 가까이 굴뚝의 연기 바라본다

• 3부 •

라일락의 담

송이 송이 네 꽃만큼이나 못 잊을 그 향기
기억은 그 향기를 어찌 못 잊는지
담 넘어 살짝이 나만이 그랬을까
처음의 향기가 네 향기였어
누가 볼까 혼자만이 괜스레 부끄러웠지

가지 휘어 얼굴에 대어 보면
어찌나 더 멋적게 부끄러웠던지
그리 부끄러웠던 너의 꽃이였었는데
이제는 추억만 이 마음 속에 핀 너의 꽃
아직도 그 향기 못 잊고 있어

하얀 봄

누구의 어느 세월이
나는 아니다 할까

피는 꽃의 그 시간이
마음대로 되던가

냉수 그릇 찾자 하니
툇마루가 멀구나

송홧가루 언덕

점심 나절의 산마루
이 산마루에 무엇이 있겠나
들리는 비둘기 울음뿐
새 한 마리 앉더니 날아가고
하늘만 파란히 조각 구름 산 넘는다

그렇게 다닌 산이것만
새롭기만한 이 산언덕
보릿고개의 슬픔인가
고요히 먼 산 더 멀어지고
보리밭 위 송홧가루 산 허리 훑는다

안녕

인연 앞에 못 할 짓
처음도 그랬을까
힘들었던 이 한마디
어서부터 무슨 말을
어떻게 해야 하나
멀기만한 그 시간들이
이 순간 이렇게 짧을 줄을
찾아야 할 길이 있어
찾는 것도 아니고
가야 할 길이 있어
가는 것도 아니다
몇 날 며칠이 떼어 놓은 정
그저 잣대 없이 추억만 가득
이유가 있다면 변명이 될
우리 아름다운날이 아닌가
이제 가슴에 묻어야 할
행복의 그 순간들
다녔던 꽃 속에 모두 묻는다

봄 바다

드러난 이 갯벌
밀물이 언제 될까
외로운 등대 위
갈매기 울음 멀어지고
가물 가물 먼 바다
물 때 맞춤 알린다

밀물에 썰물
억겁의 그 세월
이 섬의 그 세월을
얼마만큼 씻었나
드러난 갯벌에
무엇을 넣어 놓고

시간의 밀물에
들려 오는 파도 소리
먼 바다지나는 배
노을의 물결 가르고
썰물 따라 나간 파도
등대불 기다린다

뒷산의 마음

초록의 뒷산
송홧가루 날리고
보릿고개의 먼 들녘
한눈에 들어오던 날

옛 마음 그 마음
송깃에 묻어나는
교훈의 그날인가
무엇을 배우려 뒷산에 올랐는지

봄날에 파란 하늘
서러웠던 그날
송홧가루에 실는 마음
보리밭 스쳐 가고

내려 오며 바라보는
저녁 무렵의 우리 집
노을의 바람 쓸쓸히
나와 함께 추웠다

거리의 봄

눈 밟던 엊그제가
언제였더냐
얇은 옷에 멋쟁이들
저렇게 예쁠 수가

봄바람에 머릿결
바람에 날리고
길목마다 피어난 꽃
어느 꽃인들 안 예쁠까

구두 소리에 묻어나는
미소의 표정들
하늘도 파란히
가벼운 걸음 떼어 준다

운명의 강

누가 여기 이 곳을
불어 오는 강 바람
지난 날 스쳐 가고
바람에 씻는 마음
흐르는 강 바라본다

참아야 하는 세상
쥐고 든 것 없으니
무엇을 참아야 하나
나뒹구는 낙엽 되어
강물에 떨어진 몸

참을 것도 재울 것도
잃어버린 세월만이
어느 곳에 닿은들
이 짧어진 내일 앞에
무슨 소용이 있겠나

잊었다면 찾을 수도
그렇지도 않지 않나

떠난 세월의 그 흔적
주름 잡힌 연줄의 날
모두를 다 강물에 띄운다

고향 소식

저무는 고향
누구의 기억이 나 한 번쯤을
뿌리 내린 타향살이 이 몸도 그런데
한 번쯤 누가 떠 올려주기라도
욕심이라면 떠난 날의 것일까
세월이 데려간 이웃의 모습도
다시는 못 볼 그런 모습이 되었다 하니

남은 것이라고는 그저 흙만 고향의 것으로
더 무엇이 그대로 있으랴
어쩌다 한 두사람 걸쳐온 소식
듣고 보면 그 소식도 알고나 전하는지
다 바뀌고 변했다 하는 고향
누구의 기억에 내가 남을까

꿈 속의 꽃

아련한 고향의 꽃
철 따라 피던 그 꽃
그렇게 피어도 이름이 무엇인지
그저 관심 없이 그렇게 지나친 꽃인데

그래도 꽃마다
의미 있는 이름들이었고
꽃 모양에 따라 그럴듯한 이름도
감정에 붙여진 이름 그 꽃은 않그럴까

기억에 담아 놓은
울고 웃던 날에 그 꽃
마음의 뜰에 조용히 피어 나니
그 보릿고개 너머 송홧가루에 묻는다

간이역의 봄

기적 소리 들리는 듯
누구의 사연이 철길 따라 멀어질까
민들레 양지녘 라일락꽃 피어나고
굵기만큼이나 그렇게 흘러간 세월
고목의 그 향기 다음 열차 기다린다

보리밭 길

고향의 그 보리밭
산자락 밑 파란히
바람이라도 불면
그리 나부꼈는데

들꽃이 피었어도
그 들꽃 못 보았던 날
냇둑 따라 오르면
떨어지는 봇물 아래
맑은 냇물 흘렀고

무엇 찾아 어디로
보리밭 길 지날적에
보리 눕혀 눕노라면
하늘의 흰 구름 어디로 가는지

다시는 볼 수 없는
나만의 그 보리밭
보리밭에 묻어 넘는
이 나의 인생일까
지난 날 모두 모아 다시 읽는다

상여의 봄

북망산천이 멀다더니
이 문밖이 그곳인가
까마귀가 울어 준들
그 소리를 들을 건가
까치가 짖은들 누가 오나 볼 것인가

망령이라 하는 그 소리
이제 그 소리도 그만
잘덜 하고 살려므나
끊어지지 않던 목숨
그동안 본 하늘이 어둡기만 하구나

노을의 마음

노을빛에 젖어드는 멀기만한 그날들
바라보는 저 노을에 무엇이 들었겠나
못 잊을 기억마다 가늘히 멀어지고
끊겨다 이어지는 듯 희미한 그 옛날
돌이켜 보는 날마다 더 붉게 물든다

비 오는 들녘

반가움의 봄 비가 얼마나 더 내릴까
봇물 늘어나니 논에 물 가두기 좋고
도랑 반쯤 물 흘러 물꼬 트기 좋다
봄 비는 한해 농사의 첫 걸음
논에 물 가득 논 농사 걱정 덜고
보리밭도 그 량에 하루가 다르다

씨앗 넣고 모종 하기에 아직은 이른 봄
며칠 더 있어 씨앗 넣고 모종 내갈까
이대로라면 풍년인데 여름이 걱정 되고
지금 피는 꽃으로 보아서는 그것도 아니 것만
개울 둑 아카시아 꽃이 얼마나 피고 질까
삽 씻어 둘러메니 하루가 저문다

사랑의 노을

그 아름다운 날은
흐려져 가는데

둘만의 노을은
뚜렸하기만 했다

송홧가루 언덕

춥지도 덥지도
그렇다고 시원한 것도 아니다
바람의 점심 나절 쓸쓸한 뒷산 길
이 뒷산 길만큼이나 들녘도 그렇고
파란히 저 보리가 언제 더 자랄까
누런히 송홧가루만 산자락 훑어 간다

조금 더 있으면
더 고픈 저녁 나절이 될 것인데
그때쯤 이 바람이 멎을 수 있을까
끼니에 서러운 외로움의 석양 뒷산
점심 나절 그렇더니 이제는 춥고
민들레꽃 접는 저녁 찬 바람에 시럽다

오월의 노을

한낮은 그런대로
마음 추운 저녁 나절 몸도 춥다
쓸쓸한 바람까지 미루나무 눕히고
그 둥지 안 까치는 안 추울까
냇물에 발 담그니 발도 시렵다

떠 오르는 그 시절
어찌하여 지금은 아니다 할까
들녘에서 오는 길 보리밭 보리 눕고
노을의 논길 따라 오노라면
지금이나 그때나 모두가 같다

소라의 봄

이제 이 섬을
이 섬 떠나면
누구의 섬이 될까
잃어야 할 파도 소리
오막살이의 일기는 어떻게 하나

물 들어오면
이 물때에나
내다 보면 아니고
곧 들릴듯한 희소식
해당화에 숨긴 인연 하루가 멀다

아가의 오월

누가 아는 그날일까
그 아픈 시절일까
제일 힘든 오월의
어머니의 마음을

등에 업힌 우리 아가
축축하니 쌌구나
울다 지친 우리 아가
늘어져 잠들었네

포데기 안 우리 아가
송홧가루에 섞인 맘마
저 보리밭의 그늘이나 알까
날 저무니 바람만 차갑구나

• 4부 •

어린이의 꿈

아이들아
저 높은 하늘을 보았니
아이들아
저 넓은 바다를 보았니
모두는 다
다 너희들의 것이란다

희망과 꿈
그 꿈 모아 하늘에 올리고
펼칠 마음
그 마음도 바다에 펼쳐라
다 모두 다
이 모두 너희의 것이란다

오월의 하늘

이 높고 푸른 하늘 티끌 없는 세상
욕심으로 얼룩지면 다 그런 것인가
바람이 씻어도 씻기지 않는 세상
무엇이 그리 많고 복잡한 것인지

표정 속에 감추고 겉과 속이 다른 세상
더 얻으려는 네 것 내 것 어느 것이 네 것 될까
맑고 푸른 오월의 하늘이 부끄럽구나
바람이 못 씻으니 비라도 흠뻑 내렸으면

아카시아꽃

아카시아꽃 주렁 주렁
뒷산의 꽃은 너무 높아
올려보며 구경만 하였고
탐스러운 냇둑의 것은
낮은 가지 휘어 훑어 먹었다

봇물에 어리던 하얀 날
그 꽃이 언제 떨어질까
물소리 더 가까운 듯
냇둑 길 보리밭 다시 바라보았고
뻐꾹새 울음도 들리는 듯 했다

요양원의 뜰

아이들아
요양원이 좋다 하더라
나 거기에다 좀 데려다 주렴
너희들이 무슨 죄니
나 하나 떠나면 그만인데
싸움박질 하는 너희들
내가 그 눈치 다 알고 있다
그러니 그렇게들 해
나 그 곳에 가거들랑
쓰던 것 입던 것 다 버려
이제 쓰지도 못하고 입지도 못 할 것이니
다 버려 그 옷장도 내다 버리고
내가 집에 다시 오겠니 다 갔다 버려
그리고 너희들이 나 보고 싶다고 찾아 오는 날
그때 되면 이미 눈 감았을 것이다
그러니 그리 알고 잘들 하고 살어
그동안 너희들 눈치 보느라
내가 한말 다 거짓이었어
그 표정들 이 몸 떠나면 밝아지겠지
나 보다 너희들이 많이 힘들었겠구나

나 또한 이 표정 감추느라 힘들어었고
요 며칠은 부모의 날이라 하니 그건 그렇고
한 열흘쯤 지나 나좀 데려가려무나
나도 그동안 준비 할테니
그래 그렇게들 꼭 하거라

산사의 하늘

세상의 것
것이 무엇인가

사람의 욕심
그것이 것인가

구름이 안은 세월
그것이 것인가

천 년도 모르고
만 년도 모르니

풍경이 모으는 바람
법당 뜰 스쳐간다

오월의 양지

오월의 여기 이 곳이
여름이면 얼마나 뜨거울까
아침 저녁으로 내리는 옷 소매여도
양지는 여름 처럼 땀 없어도 뜨겁다

들녘도 모 냈으니
얼마 있어 파란 들이 될까
찔레꽃에 산마다 초록빛 세상
오월의 양지녘 여름을 부른다

오월의 장터

며칠을 기다린 아흐레 장
오늘 이 장 보면 언제 다시 볼까
칠월이래야 보리쌀 됫박이나 낼 것인데
그것도 아니면서 살 것이 이리 많은지
몇 푼 쥐고 가 봐야 걸리는 것 많은 장
실에 바늘 그리고 양잿물 사고 나면 얼마나 남을지
그렇다고 안 갈 수도 없는 장
누구라도 만나면 어떻게 하나

언년이네 들러 점심이나 얻어 먹을까
친정 소식도 듣고 듣고 나면 뭐 하나
갈 수도 없지만 쥔 것도 없는걸
가도 아부지가 엄마만큼이나 반겨 줄까
인정도 없는 우리 아부지인데
자랄 때 보면 그리 매섭게 정을 떼는지
그래도 우리 아부지 많이 늙으셨을텐데

엄마가 살아 있으면 몇 번의 소식이 있었을 것을
나도 안 가고 들리는 소식도 없고
엄마 없는 친정 그늘이래야 누가 있나

있던 동생 다 떠나고 올케 언니래야 걸치레지 뭐
한 번 가긴 가야 하는 친정 언제 가 보나 마음만 그저
아부지 찾아 보고 옷도 한 벌 사 드려야 할텐데
오늘도 늦지 않는다 하는 장 손에 든 것 없이 노을만 지
는구나

고향의 꿈

요 몇해 전인가
그 가깝던 고향이 그리 멀어지는지
세월에 밀리면 다 그런 것인가
그저 흐지부지 어떻게 하다 그리 됐는지
그래도 오월이면 더 생각난다

송홧가루에 섞인 날
아카시아꽃에 묻힌 날
이제야 눈에 들어 오는 꽃들
들녘에 그 많은 들꽃이 아련히 그려지고
힘들었던 날에 노을도 더 붉게 물든다

동무의 오월

삼 사월 지난 이 오월 며칠 있어 여름이 될까
들꽃도 그때 처럼 많이 피어 있고
그때는 아니어도 힘들었던 오월
누구의 오월이 그렇게나 힘들었다 할까
아카시아꽃에 눈물 나고 송홧가루에 멍들었던 날
보리밭 양지녘에 뻐꾸기 울음 내려 앉고
떫은 송깃 맛이 보리 마디마다 누렇게 물들였었다

동무야 어디에서 어떻게 살고 있는지
끊긴 소식의 몇 십 년이 부끄럽기만 하고
달 속의 너와 나 누가 아는 그 서러움일까
까마귀 울음에 그 세월이 보여지는지
동무야 기억 하고 싶지 않은 시간 너도 그럴까
들꽃과 구름이 불러 주는 그 시간
아카시아꽃 떨어지는 날 뻐꾹새 그 보리밭 다시 찾겠지

오월의 편지

오월이 보내준 편지에는
아카시아꽃도 들어 있고
찔레꽃도 들어 있고
보리밭도 들어 있었다

송홧가루의 노란 띠
들꽃은 없었겠나
징검다리 건너는 길
봇물도 들어 있었고

뒷문 밖 하늘의 흰 구름
모내기의 들녘도 그려 주고
아카시아꽃 떨어질 때면
뻐꾹새 울음도 들려 주었다

고향의 꽃

이름 모를 고향의 꽃
그 많은 꽃 이름을 어떻게 다 알까
오월이면 더 많이 많이 피는 꽃
몇몇의 이름으로 다 아는 것 처럼
부끄러운 마음으로 그날의 길을 걷는다

밭둑 길로 냇둑으로
그렇게 바라보던 고향의 들꽃
붙여진 이름도 그리 천했던지
모두 이유가 있었을 꽃인 것을
그때는 몰랐어도 다시 찾아 그려본다

선생님의 일기

세월이 모셔간 우리 선생님
지금 하늘 나라에 계시겠지요
그 오월의 하늘은 오늘도 푸르고
구름도 그때 처럼 연못 위를 지나고 있어요

선생님 어서부터 어떻게 말씀 드려야 할지
가정 방문 하실때 우리 엄마 안 계셨던 것은
뒷산 너머 쑥 뜯으로 나가셨던 것이었고
저는 부끄러워 옆 집에 가 있었었지요

대접 해드려야 할 보리밥이
선생님 뵙기에 너무 부끄러워 그랬어요
며칠 학교에 못 갔던 것은 모내기 때문이었고요
선생님의 벌 보다 더 힘들어었지요

빛 바랜 세월에 잃어버린 그날들
선생님의 가르침에 더 높았던 파란 하늘
이제 그 하늘에 구름만 흘러 가고
저의 그림자도 조금씩 지워지고 있어요
선생님~ 선생님 ~

제비의 고향

잃어버린 제비의 고향
초가의 그 고향 언제 찾을까
마루 대들보에 둥지 틀어
올려 보면 올려 본다
앙살 하느라 짖어대고
내동생 밥 투정 하면
밥 투정 한다 짖어대고
누구라도 오면 갸웃둥
내려 보며 더 짖었지
새벽녘에 잠 깨워 주고
창공을 젓는 제비
저녁이면 더 많이
비가 와도 저어 댔지

구름의 오월

시드는 아카시아꽃으로 저무는 오월
지는 꽃에 무엇을 싣어 다음의 봄을 기다릴까
찔레꽃도 한 두 송이 멍들어 가고
고향 찾은 뻐꾹새 유월 문턱 두드린다

봄 구름이라 하는 마지막의 오월 구름
오월의 구름도 떠나는 봄 따라 갈 것인데
하룻밤 며칠 있어 유월이 될까
파란 하늘의 오월 구름아 머무를 수는 없는지

구름 따르는 봄의 꽃 찾아 오는 여름 꽃
그 여름 꽃 피어나면 옛 이름을 얼마나 알까
떠나는 오월 구름 찾아 오는 초여름
아쉬움에 떠나는 봄 다음을 기약한다

깨복쟁이 친구

주고 받는 서로의 이야기
어느 이야기를 먼저 꺼낼까

하고 싶은 이야기
가슴에 묻은 이야기
혹시나 서운해 할까
이유 있던 이야기
앞 뒤 없이 섞이는
추억 어린 이야기
가슴 답답 마음 풀이 이야기

어려웠던 날
힘들었던 날
즐거웠던 날
눈물 글썽 웃음도 섞이고
누구에게도 못 할 이야기
시간이 짧을새라
우정의 커피 잔에 담는다

그림자의 뜰

시간 앞세우는 그림자
얻은 것이 무엇인지

그 잠깐 비켜 서며
찾은 흔적 지우고

마루 끝의 한 세월
그림자 따라간다

적막의 오월

산 기슭에 오르는 마음
이리 저리 둘러보면 아무도 없고
산비둘기의 울음인 듯
보이는 파란 하늘 더 높이 보인다

무엇 찾아 이 산에 오르는지
높은 산은 아니어도 딛어 보는 낮은 산
기슭에 찔레꽃 아카시아꽃
돌뿌뎀이에 홀로 핀 이름 모를 꽃 피어 있고

조금 더 오르면 이 산 정상인데
내려다 보면 어느 곳이 보일까
부스럭 꿩 숨는 소리 꿩 우는 소리
적막의 기슭 고요히 조용하다

오월의 이야기

크고 작은 오월의 슬픔
역사가 그러하듯
그 슬픔만 있겠나
기념일에 즐거운 날
되새겨야 할 교훈의 날

14개의 지정 된 날 중
빠뜨린 날이 있다면
그날을 어찌 비켜 놓았는지
그날들을 잃고 잊었나
보릿고개의 날을 지정 받고 싶다

오디의 노을

저무는 저녁 나절
누렁이 소 들어오고
서산에 떨어진 해
징검다리 물들인다

건너는 징검다리
물 한 모금의 누렁이 소
아직 먼 보릿고개
언제 넘을까

저녁 바람 쓸쓸히
허기진 배 내리니
뽕나무밭 위 뻐꾹새
아이들 찾는다

그날의 오월

가는 오월 오는 유월
때 되면 그렇게 떠나야 하는 것인지
기다렸다는 듯 유월도 찾아 오고
시드는 이 오월 며칠 있어 유월일까
찾아온 뻐꾹새 앞산에서 울고
모내기의 들녘 하루가 짧다

뽕나무 찾는 아이들
냇가로 쳇바퀴 들고 뛰는 아이들
모내기의 들녘 우리들은 모를새라
일손 모자라니 불러도 못 들은 척
노을의 저물녘 집으로 오는 길
누렁이 소 받아 들고 논길 따라 들어온다